0

nul

noll

10

tien

tio

20

twintig

tjugo

30

dertig

trettio

40

veertig

fyrtio

50

vijftig

femtio

60

zestig

sextio

70

zeventig

sjuttio

80

tachtig

åttio

90

negentig

nittio

100

honderd

ett hundra

1000

duizend

ett tusen

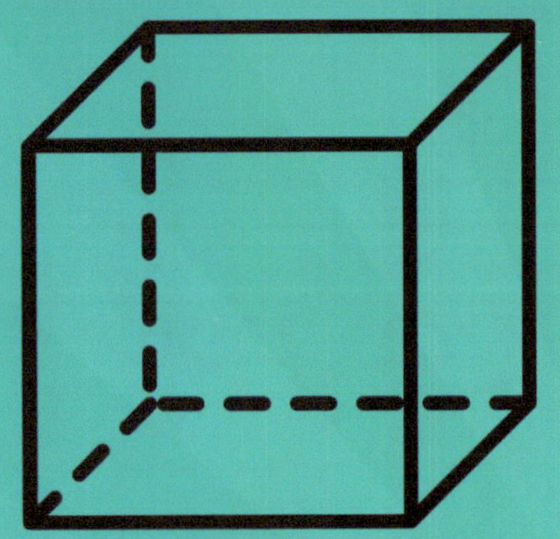

kubus

kub

blok

block

ijsblokje

isbit

karamel

karamell

suiker

socker

dobbelstenen

tärningar

geschenkdoos

presentask

kartonnen doos

kartonglåda

bol

sfär

ijsschep

glasskula

parel

pärla

bubbel

bubbla

knikkers

kulor

planeet

planet

sneeuwbal

snöboll

tennisbal

tennisboll

cilinder

cylinder

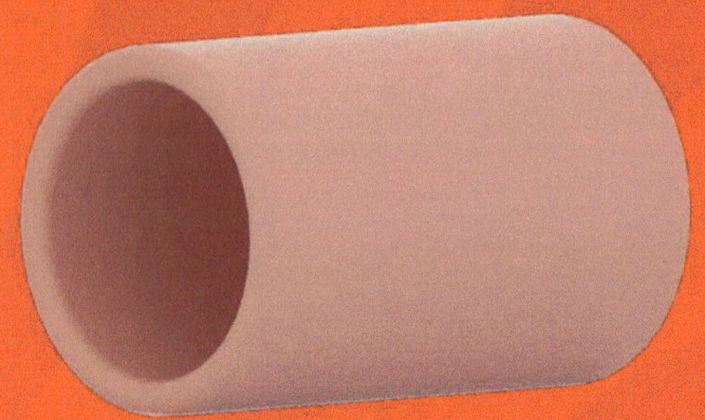

buis

rör

batterijen

batterier

draadspoel

trådspole

kaneel

kanel

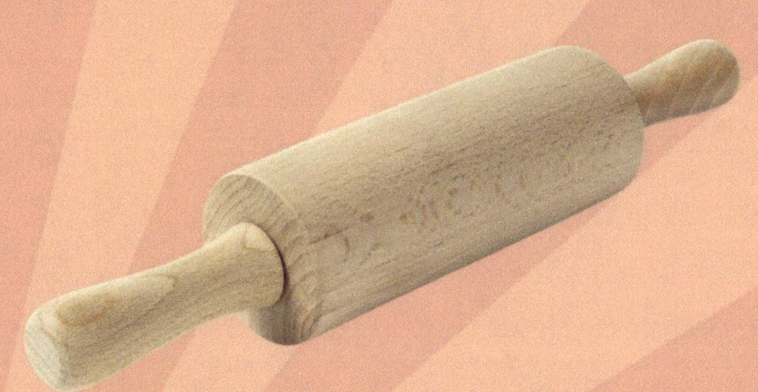

deegroller

kavel

worst

korv

hooibaal

höbal

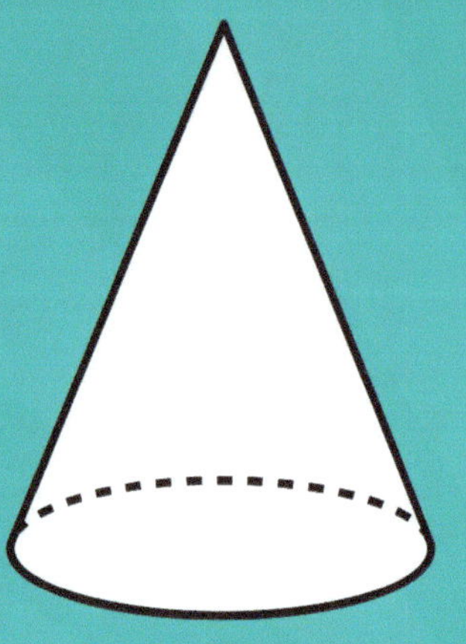

kegel

kon

wegkegel

vägkon

ijshoorntje

glasstrut

heksenhoed

häxhatt

kerker

fängelsehåla

spar

gran

feesthoed

partyhatt

slak

snigel

braambes

björnbär

bes

vinbär

clementine

klementin

durian

durian

drakenfruit

drakfrukt

jackfruit

jackfrukt

stervrucht

stjärnfrukt

asperge

sparris

radijs

rädisa

rode boon

kidneyböna

raap

rova

cassave

kassava

yam

sötpotatis

kikkererwten

kikärtor

adelaar

örn

vleermuis

fladdermus

bever

bäver

flamingo

flamingo

raaf

korp

merel

koltrast

pimpelmees

blåmes

ekster

skata

zwaluwvogel

svala

leeuwerik

lärka

parkiet

parakit

specht

hackspett

pauw

påfågel

papegaai

papegoja

toekan

tukan

ooievaar

stork

koraal

korall

zeeanemoon

havsanemon

zee-egel

sjöborre

zeepaardje

sjöhäst

clownvis

clownfisk

goudvis

guldfisk

krab

krabba

heremietkreeft

eremitkräfta

dolfijn

delfin

narwal

narval

octopus

bläckfisk

inktvis

bläckfisk

walvishaai

valhaj

orka

späckhuggare

blauwe vinvis

blåval

witte dolfijn

vitval

hamerhaai

hammarhaj

witte haai

vithaj

citroenhaai

citronhaj

tijgerhaai

tigerhaj

sprinkhaan

gräshoppa

rups

larv

schorpioen

skorpion

hagedis

ödla

dinosaurussen

dinosaurier

zwart haar

svart hår

rood haar

rött hår

bruin haar

brunt hår

blond haar

blont hår

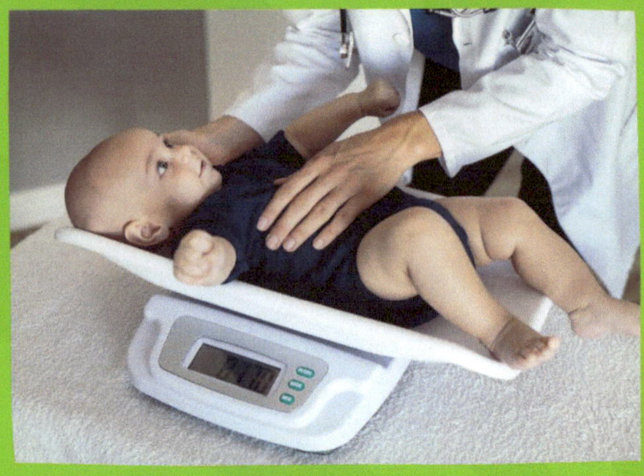

weegschaal

våg

ziekenhuis

sjukhus

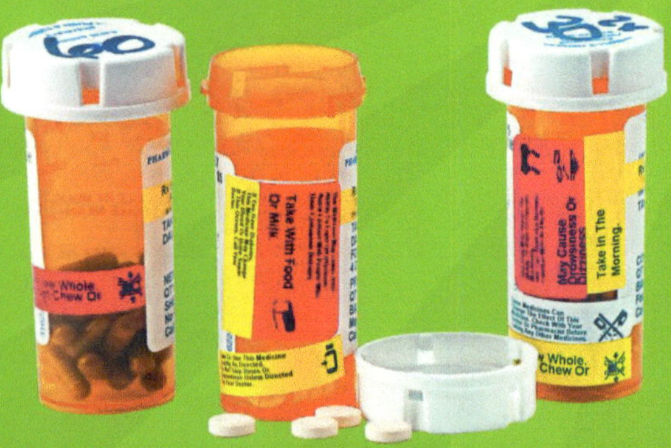

medicijn

medicin

thermometer

termometer

verband

bandage

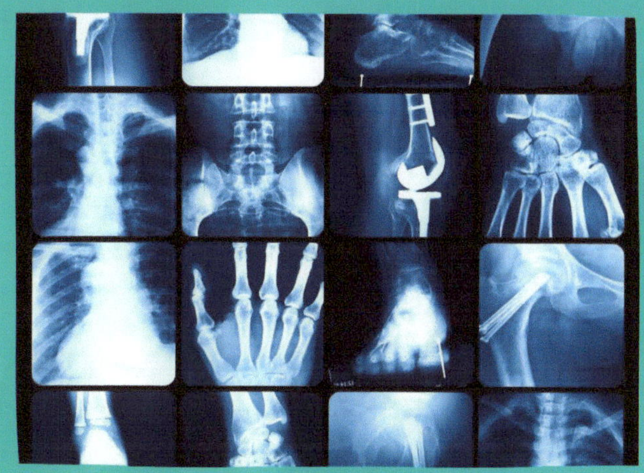

röntgenfoto

röntgen

dokter

läkare

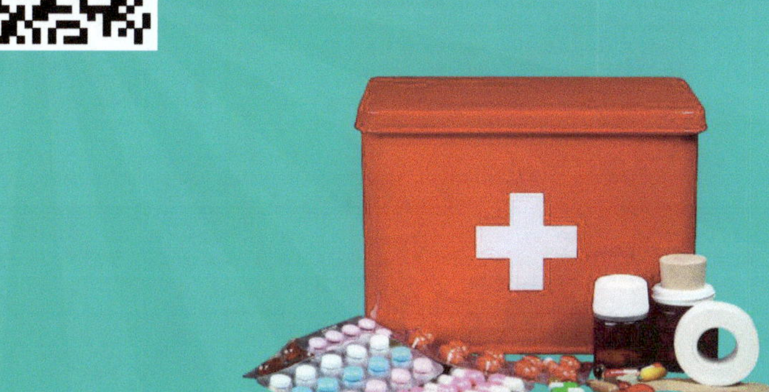

EHBO-kit

första hjälpen-kit

spelen

leka

tekenen

rita

tellen

räkna

schrijven

skriva

dansen

dans

zwemmen

simning

skiën

skidåkning

basketbal

basketboll

tennis

tennis

tafeltennis

bordtennis

voetbal

fotboll

paardrijden

ridning

ijshockey

ishockey

judo

judo

boksen

boxning

hardlopen

löpning

honkbal

baseboll

cricket

cricket

rugby

rugby

volleybal

volleyboll

maracas

maracas

tamboerijn

tamburin

xylofoon

xylofon

viool

fiol

piano

piano

gitaar

gitarr

cello

cello

harp

harpa

trommel

trumma

djembé

djembe

drumstel

trumset

trompet

trumpet

hoorn

horn

saxofoon

saxofon

fluit

flöjt

koptelefoon

hörlurar

zingen

sjunga

bladmuziek

noter

microfoon

mikrofon